M&A Booklet

いまさら聞けない

FA

ってなに？

たろうとはなが学ぶM&Aの基礎②

企画 中央経済社　　福谷 尚久〔監修〕
　　　　　　　　　岩崎　敦・平井 涼真〔著〕

中央経済社

M&Aブックレットシリーズについて

　私は約30年間M&Aの世界に身を置いている。

　この間、国内外のさまざまな企業による多くの実例が積み上がり、今では連日のようにM&Aに関連する報道が飛び交っている。一方で、「M&Aってどんなこと？」と敷居の高さを感じる方も多いのではないだろうか。

　本シリーズはこの現状に一石を投じ、学生や新社会人からM&A業務の担当者、さらにアドバイスする側の専門家など、M&Aに関心のあるすべての方々にご活用いただくことを念頭に、「M&Aの民主化」を試みるものである。

　本シリーズの特徴は、第一に、読者が最も関心のある事項に取り組みやすいよう各巻を100ページ前後の分量に「小分け」にして、M&A全般を網羅している。第二に、理解度や経験値に応じて活用できるよう、概論・初級・中級・上級というレベル分けを施した。第三に、多岐にわたるM&Aのトピックを、プロセスの段階や深度、また対象国別など、テーマごとに1冊で完結させた。そして、この"レベル感"と"テーマ"をそれぞれ縦軸と横軸として、必要なテーマに簡単にたどり着けるよう工夫をこらしてある。

　本シリーズには、足掛け5年という構想と企画の時間を費やした。発刊に漕ぎ着けたのは、ひとえに事務局メンバーの岩崎敦さん、高橋正幸さん、平井涼真さんのご尽力あってこそである。加えて、構想段階から"同志"としてお付き合いいただいた中央経済社の杉原茂樹さんと和田豊さんには、厚く御礼申し上げる。

　本シリーズがM&Aに取り組むさまざまな方々のお手元に届き、その課題解決の一助になることを願ってやまない。

シリーズ監修者　福谷尚久

はじめに

　本シリーズのうち、「いまさら聞けない○○ってなに？」は「"たろう"と"はな"シリーズ」として構成され、M&Aにこれまであまり触れてこなかった社会人の方や、M&Aに関心を持っているけれど実務で触れる機会が少ない方、M&Aを知りたい学生の方などを主要な読者として想定している。

　M&Aの関連書籍というと、これまでは中・上級者向けの専門書が多く、難解な専門用語やカタカナ用語があふれ、M&A業務を経験していない方にとっては、読み始めるだけでも心理的に大きなハードルがあったのではないかと推察する。本シリーズでは、M&Aの実務や関連するテーマについて、親しみやすい日常的な会話などを用いて想像しやすいよう解説することで、業務の内容やM&Aというものの一通りの流れを負担感なく理解できることを目指した。本書をM&Aを理解するきっかけとして、中・上級の専門書の学習へと進んでいただければ本望である。

　本シリーズでは、「M&A」を「企業や事業の買収・売却を行う経営手法」という意味で解説している。M&Aの概念は広く捉えることもでき、経営の統合や一部のみの出資、あるいは出資をともなわない企業同士の提携（アライアンス）などで共通する業務も多い。本シリーズを読んでいただくことで参考にできるのではないかと思う。

　本シリーズの第1冊目、「いまさら聞けないM&Aってなに？」でM&Aのおおまかな流れを確認し、その後、本書を含む個別編でM&Aの個別テーマについて理解を深めていただくのがいいのではないかと考えている。もちろん、個別編の気になるテーマから手に取っていただいても、その1冊だけで業務の内容が理解できるよう努めた。皆様のM&A業務への関心、これまでの業務経験によって、どのような形でも理解が進むように工夫している。

　本シリーズが、皆様の「M&A」への理解を深める一助になれば幸いである。

岩崎　敦

平井涼真

全体相関図

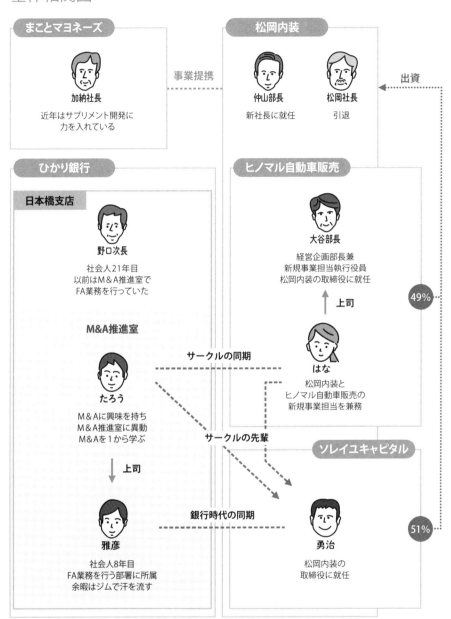

まことマヨネーズ

加納社長
近年はサプリメント開発に
力を入れている

事業提携

松岡内装

仲山部長
新社長に就任

松岡社長
引退

出資

ひかり銀行

日本橋支店

野口次長
社会人21年目
以前はM&A推進室で
FA業務を行っていた

M&A推進室

たろう
M&Aに興味を持ち
M&A推進室に異動
M&Aを1から学ぶ

↓ 上司

サークルの同期

サークルの先輩

ヒノマル自動車販売

大谷部長
経営企画部長兼
新規事業担当執行役員
松岡内装の取締役に就任

↑ 上司

はな
松岡内装と
ヒノマル自動車販売の
新規事業担当を兼務

49%

51%

ソレイユキャピタル

銀行時代の同期

雅彦
社会人8年目
FA業務を行う部署に所属
余暇はジムで汗を流す

勇治
松岡内装の
取締役に就任

今回登場人物の相関図

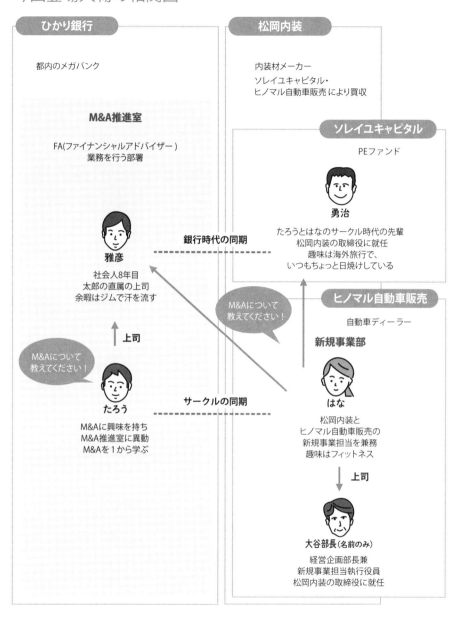

今回の登場人物

たろう 社会人4年目⇒社会人5年目。メガバンク「ひかり銀行」に入行し、都内の営業店に勤務。2店目の日本橋支店で初めて大企業を担当。松岡内装のM&Aを経てM&Aに強く興味を持ち、雅彦のいるM&A推進室に異動。雅彦が直属の上司となり、1からM&Aを学び直している。

はな たろうの大学時代のサークル仲間。社会人4年目⇒社会人5年目。「ヒノマル自動車販売」に就職し新規事業を担当。松岡内装のM&Aを経て、松岡内装の新規事業担当に部分出向中。ヒノマル自動車販売と松岡内装を兼務している。

雅彦 たろうの先輩。社会人7年目⇒社会人8年目。現在、ひかり銀行でM&A推進室（FA業務を行う部署）に所属。

勇治 たろうとはなのサークルの先輩。ひかり銀行からPEファンド「ソレイユキャピタル」に転職。雅彦の銀行時代の同期。

以前の登場人物（「いまさら聞けないM&Aってなに？」編）

野口次長

たろうの上司。社会人歴20年以上。日本橋支店での、たろうの直属の上司。その前は雅彦と同じFA業務を行う部署にいた。

松岡社長

たろうの担当先の社長。内装材を製造する会社である"株式会社松岡内装"を経営する創業3代目社長。創業家に後継者がおらず、会社の今後を悩んでいる。シート技術を応用したキャンプ用品を制作・販売する会社を子会社に持つ。また、アメリカ、マレーシア、中国に現地の内装材製造会社との合弁企業を保有。

大矢部長

「ヒノマル自動車販売」のはなの上司。M&Aアドバイザリー会社から転職。経営企画部長であり新規事業担当執行役員。

仲山部長

松岡内装の経営企画部長。「Mond Advisory」の戦略部門から5年前に転職。

加納社長

まことマヨネーズ株式会社の社長。サプリメント開発に力を入れている。

あらすじ

　メガバンク、ひかり銀行に勤める「たろう」。

　日本橋支店にいた際に担当した松岡内装のM&Aをきっかけとして、M&Aアドバイザリー業務を行うM&A推進室に異動してから早数ヵ月。

　上司の「雅彦」とともに、M&Aへの理解を深め、実務に活かし、トライアンドエラーを繰り返す日々を過ごしている。

　一方、ヒノマル自動車販売に勤める「はな」は、松岡内装へ部分出向中。

　両社の新規事業担当として忙しい日々を過ごしている。

　今回、ヒノマル自動車販売でのさらなる新規事業創出に向けたM&A戦略策定が大詰めとなり、上司の大矢からファイナンシャルアドバイザーの起用について検討するように言われていた。

　たろうとはなの２人は、サークルの先輩であり、現在PEファンドと松岡内装の取締役を兼務する「降谷勇治」と、勇治の元同期であり、たろうの上司であるひかり銀行M&A推進室の「雅彦」に、よくM&Aを取り巻くさまざまな物事・実務について教えてもらっている。

　皆、勤めるオフィスが近いこともあって、日頃からタイミングよく会う間柄だ。

　今回は、M&Aを行ううえで頼りになるプロフェッショナル「ファイナンシャルアドバイザー（FA）」に関するお話……。

目次

第1章　そもそもファイナンシャルアドバイザーってなに？

第2章　ファイナンシャルアドバイザーの役割

第3章　M&Aとファイナンシャルアドバイザーの関係

第4章 ファイナンシャルアドバイザーの アウトプット

第 1 章

そもそも
ファイナンシャル
アドバイザーってなに?

はな

財務アドバイザー、ファイナンシャルアドバイザー、ファイナンシャルアドバイザリー？　FA……

雅彦

どうしたの、そんなに考え込んで

はな

あれ、勇治先輩、雅彦さん！　どうしたんですか？

勇治

以前のM&Aの件（「いまさら聞けないM&Aってなに？」編参照）で、はなの上司である大矢部長に会いに来たんだ。ところで、何を考え込んでいたんだ。はたから聞いていると呪文を唱えているみたいだったぞ

はな

次のM&A戦略が形になってきて、FAに依頼をして本格的に進めようという話になりまして

勇治

それは忙しいフェーズになってきたな

はな

ただ、私自身FAについてくわしくわかっておらず、どんなことをお願いするのかあやふやなんですよね……

雅彦

一言でいえば「M&Aの専門家」だけど、確かに普段の仕事で接する機会がある人は少ないから、知らないことばかりだよね

はな

勇治さんはお仕事でFAの方とよく一緒になるんですよね？

勇治
そうだな、ファンドが買収・売却を検討するときに、FAにいろいろとお願いすることが多いんだ。俺が知っていることを共有するよ

 はな
よろしくお願いします！

 雅彦
（僕はFA部門で仕事しているんだけどなぁ……）

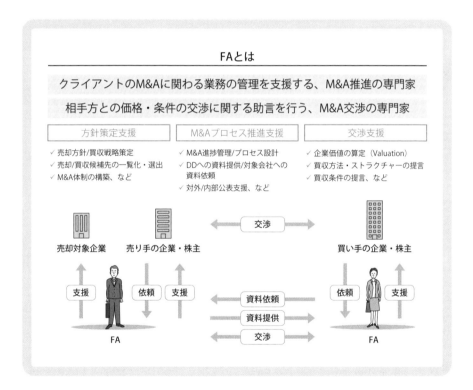

FAとは

クライアントのM&Aに関わる業務の管理を支援する、M&A推進の専門家

相手方との価格・条件の交渉に関する助言を行う、M&A交渉の専門家

方針策定支援	M&Aプロセス推進支援	交渉支援
✓ 売却方針/買収戦略策定 ✓ 売却/買収候補先の一覧化・選出 ✓ M&A体制の構築、など	✓ M&A進捗管理/プロセス設計 ✓ DDへの資料提供/対象会社への資料依頼 ✓ 対外/内部公表支援、など	✓ 企業価値の算定（Valuation） ✓ 買収方法・ストラクチャーの提言 ✓ 買収条件の提言、など

売却対象企業　売り手の企業・株主　交渉　買い手の企業・株主

支援　依頼　支援　資料依頼　資料提供　交渉　依頼　支援

FA　FA

DD：Due Diligenceの略。デューデリジェンスのこと。対象となる会社・事業について調査・分析することを指す。対象範囲はビジネス・財務・税務・法務・機能などが含まれ、案件に応じて対象範囲を決めて実施する。

Valuation：M&Aなどの状況に際して、対象企業・事業・株式などの価値を算定すること。M&A実施の可否判断やM&A金額の決定などに活用する。

2 | FAには誰がなるのか

はな
雅彦さんって、銀行のFA業務の部署で仕事をしているんですよね、この前は失礼しました……。あ、たろうもこの前異動したんだっけ

雅彦
いえいえ、気にしていませんよ

たろう
僕の扱い……。そういえば、グループの証券会社でもやっているって話を聞いたことあります

雅彦
投資銀行部門のサービスの1つだね。その他にも、FASや会計事務所、M&A仲介など、さまざまな背景を持つ会社がFA業務を行っているよ

たろう
すごいですね、でもそれだけいろんな業態の会社がFA業務をしているとなると、競争激しそうですね

雅彦
実は案件ごとの規模や特性、提供できる他のサービスなどによって結構違いがあるんだ。案件によっては投資銀行とFASが協力する、なんてこともあるよ

はな
そっか、なかなか普段の生活からは見えない世界だから、知らないことだらけです……

雅彦
あまり表立って「どこのFAが何の案件をした」ってニュースは出ませんからね、ここでしっかり学んでおきましょうか

FAになる会社例	強み・特長
FAS （会計系コンサル） *Financial Advisory Service	◆財務面の強みを持ちながら、FA以外にもM&A戦略、DD、PMIチームやその他専門家を内包し、強固な連携が可能。
投資銀行 （外資系証券）	◆株式や社債の発行などの資金調達において、グローバル規模の大きな機能を持つため、金額の大きい案件を支援可能。ビッグディールの経験・実績に富む
投資銀行 （日系証券）	◆株式や社債の発行などの資金調達において、日本企業に寄り添った案件を実行可能
商業銀行 **M&Aチーム**	◆日々の融資業務を通じて顧客と関係構築しており、顧客理解度の高い案件進行ができるほか、追加融資等の資金調達オプションを持つ
独立系 **ブティック**	◆株式や融資、監査などのしがらみがないことから、顧客との利害相反が起こりにくい強みを持つ
M&A仲介[1]	◆売り手側・買い手側の双方のアドバイザーとなって、M&Aの成立を支援

[1] 　M&A仲介はFAではなくM&A仲介という異なる役割であるという考え方もされるが、本書はM&Aアドバイザーの概説を目的とするため記載している

3 | FAはどう選ばれるのか

たろう
先ほどの話だと、「社長さんがFAを会議に呼んだ」ということでしたけど、FAってどうやって事業者の方から選ばれるんですか？

雅彦
事業者の方のM&A経験やステークホルダー、タイミングによっていろいろな声のかけられ方があるよ

勇治
何の話をしているんだ？

雅彦
勇治！　最近よく本店の近くに来るね

勇治
次の案件で、ひかり銀行の近くにあるFASと議論することが多くてね

雅彦
ちょうど、FAはどうやって選ばれるのかって話をしていたところなんだ

勇治
うちのファンドの場合だと、よく一緒にやっているFAにこちらから声をかけたり、逆にFAから提案を持ちかけられたりする場合が多いかな

たろう
そうなんですね。例えば、M&A未経験の会社が、ある日「あなたの会社を買いたい」って言われたときは、どうやってFAを選ぶんですか？

雅彦
とてもいい質問だね。その場合はその会社と取引している銀行や弁護士法人、税理士法人、会計士などに相談することが多いね。あとは社外取締役や顧問から紹介を受けることもあるかな

たろう
確かに、僕らも相談を受けることがありますが、すでに別ルートでFA候補の会社に声がかかっていることもありますね

そうだね。あとは、直接FAに連絡してもらうこともあるよ。各社のウェブサイトに相談フォームがあるからね

M&A経験多数の企業に多いケース

A 買い手/売り手企業から直接FAへ打診

今度M&Aを検討しているのですが一緒にやりませんか？

ぜひやりましょう！詳細をおうかがいしたうえで、ご支援の内容、報酬などをご提案いたします。

企業・株主　FA

懇意なだけでなく、本当に本案件で頼れるFAか確認！

M&A経験があまりない企業に多いケース

C 第三者等を通じて問い合わせ

頼れるFA知りませんか？

当社のM&Aを支援していただけますか？

取引銀行 弁護士 社外取締役等

企業・株主　FA

M&Aへの関与経験がある第三者かどうか要確認！

B FAから買い手/売り手企業へ打診

御社の戦略に合うような売却案件が公示されています。つきましてはご一緒に検討を進めませんか？

確かに気になりますね。詳細な情報と支援内容、報酬などをおうかがいできますか？

企業・株主　FA

話を鵜呑みにせず、方向性や必要性を議論することが重要！

D ウェブサイトのフォームなどを通じて問い合わせ

今度M&Aを控えているのですが、お話をうかがえませんか？

ご相談ありがとうございます。詳細な内容をお聞かせいただけますか。

企業・株主　FA

M&Aの特徴とサービス内容が合っているか要確認！

たろう

FAをやっている会社ってたくさんあるってことだったけど、たくさんありすぎて選択するのが難しそうだなぁ

雅彦

たろう、よい視点だね。M&Aを初めて検討する事業者の人にとっては、そこが一番の落とし穴になりやすいポイントなんだ

たろう

どういうことですか？

雅彦

わかってない様子だな……。例えば昔、ある社長が「M&A専門家全員に話が聞きたい」といって、銀行やFAS、M&A仲介をいろいろ集めた会議があってね

たろう

すごいですね、それだけ専門家がいたら百人力ですね！

雅彦

いや、会議ではM&Aの方針について決まらず、すぐに終わってしまったんだ

たろう

そうなんですか!?

雅彦

ノウハウが異なるからね。銀行やFASなどのFAは、売り手か買い手のどちらかと契約して相手方との交渉を支援するけど、M&A仲介は双方の間に立って交渉をまとめるのが役割だから

たろう

そうだったんですね、そこまで違うとは思いませんでした

雅彦

どちらが良い悪いという話ではなく、その会社が考えるM&Aの規模や
スキームによって、支援の形が異なるということだね

M&Aの特徴に合った専門性を持つFAでなく、かみ合わない

「2．FAには誰がなるのか」で示したとおり、FAといっても各社各業態に特性・得意分野が存在する
検討しているM&Aの特徴とFAのナレッジが一致していないとM&Aの失敗につながる
そのM&Aの想定される規模、買収スキーム、特性などをしっかりと認識し、適したFAを選択することが重要！

FAにM&Aプロセスを一貫した経験がなく、要所で頼りない

FAをFAたらしめるものは案件実績（クレデンシャル）にほかならない
深度ある経験、高難度の経験の有無が、FAの価値である「先を見通しリスクを排除する」力に直結する
ディールの始まりから終わりまで一貫した経験を持っているか、確認することが重要！

「案件の完了」だけを目的として、深い議論を行わない

M&Aプロセスを進めていると、「案件を完了させる」ことだけを目標としてしまいがち
ただし、「クローズ」することだけを目的とせず、「本当に継続すべきか」という議論が行えるFAが望ましい
クライアントの意見にすべてうなずくFAでなく、価値向上のため積極的に議論できるFAを選ぶことが重要！

報酬や契約条件が支援内容に対して過剰/不足

FAと信頼関係を構築し、ディールにおいて「協業」することが不可欠である
そのため、FA契約について双方が納得できていないと、信頼関係を構築できず、ディールに支障を来す可能性も
納得できない部分があるならばFAとともに交渉し、早期に合意することが重要！

5 FAはいつから関与するのか

たろう
FAって、必ずM&Aプロセスの最初から関わるんですか？

雅彦
どこを最初とするかにもよるかな、案件が顕在化してから支援が始まる場合もあるし、案件を創出するために「あの会社を買収しませんか」「この事業を売却しませんか」と提案し、クライアントと議論を進めていく場合もある

たろう
FAから発信することもあるんですね。売り手向けにも買い手向けにも行うんですか？

雅彦
そうだね。ただ、事業承継や経営統合といった提案以外だと、現実的には売り手への提案は難しいことが多いかな。事業売却の議論はよくあるけど……

たろう
確かに、いきなり「御社を売りませんか？」って提案は刺激が強すぎますもんね

雅彦
買い手への提案はよく行うよ。「どんな戦略でM&Aを行うか」という時期から関わることで、よりクライアントに合う買収先を探せるからね

たろう
早い段階から二人三脚みたいになることで、より良い関係が築けるんですね！

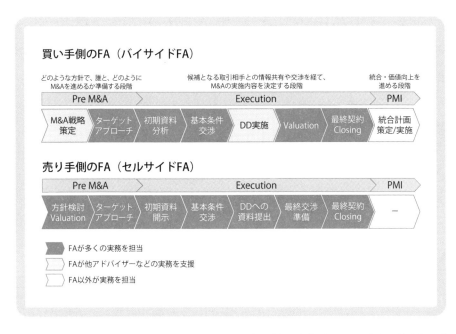

PMI：Post Merger Integrationの略。M&Aのクロージング後の統合プロセスを指す。統合後の計画検討から、ビジネス機能／コーポレート機能ごとの統合方針協議・統合実行などが行われる。具体的には契約締結のタイミングを「Day 0」、クロージングが実行され所有権が移管したタイミングを「Day1」、短中期的に達成すべき事項を「Day100プラン」などと称して整理・実行する。

6 FAの報酬

 はな
FAへ支払う報酬って、どうやって決まっているんだろう？

 たろう
これだけ秘密性の高い仕事だと、公開してないんじゃないかなぁ

 勇治
そんなことはないぞ、たろう、はな。実はFAの報酬は多少わかりやすく体系化されているのさ

 はな
そうなんですね！

 勇治
「着手金」「月額報酬」「成功報酬」の3項目を組み合わせるのが一般的だ。あとは案件によって「中間報酬」を組み合わせることもあるな

 たろう
算出根拠もわかるんですか？

 勇治
着手金や月額報酬は案件の難度や規模、特性などによって交渉となるけど、成功報酬は一般に「レーマン方式」で算出されることが多いね

 たろう はな
レーマン方式？

 勇治
この表を見てもらえばわかりやすいかな？　ただ、必ずしもこの表のとおりになるわけではなく、案件ごとに相談しながら決定されることが多いんだ

FAへの報酬体系例（バイセル共通）*1

- **着手金** ・FAとのアドバイザリー契約を締結したときに発生する報酬
- **月額報酬** ・案件の状況を問わず、月額で発生する報酬
- **成功報酬** ・案件完了時に発生する報酬
  ・案件成功具合に応じた追加ボーナスを設定することもある
- **中間報酬** ・基本合意など、マイルストーンごとに発生する報酬

レーマン方式

基準となる金額*2	報酬率
5億円までの部分	5%
5億円を超え、10億円未満の部分	4%
10億円を超え、50億円未満の部分	3%
50億円を超え、100億円未満の部分	2%
100億円を超える部分	1%

例：
基準となる金額が100億円の場合

100億円
- 50 ×2% =1.0億円
- 40 ×3% =1.2億円
- 5 ×4% =0.2億円
- 5 ×5% =0.25億円

すべて足して 成果報酬は 2億6,500万円

成功報酬算出におけるレーマン方式の使用頻度は？

レーマン方式は、1990年代頃から成功報酬計算において一般的に用いられている計算方式です。ただし現在では、セルサイド*3の非上場中小企業案件で用いられることは多い一方、その他案件ではあまり主要には用いません。上場企業・大企業・バイサイドの案件では、クライアントとFAが合意する算出基準を、案件ごとに交渉・作成することが一般的です。

*1　案件ごとにクライアントとFAが相談して決定するため、必ずしもこの体系になるとは限らない。また、成功報酬では最低報酬金を設けられる場合がある
*2　基準とする金額は「移動資産総額」や「企業価値」、「譲渡価格」など、案件ごとに異なり、クライアントとFAが相談して決定する
*3　バイサイドの場合、買収価格を下げたい買い手と、報酬価格を上げるため買収価格は高い方がよいFAで利益相反が発生するため、あまり用いない

第 **2** 章

ファイナンシャルアドバイザーの役割

1 バイサイドFAはどんな仕事をするのか

はな

少しずつFAについてわかってきたんですけど、具体的にどんな仕事なのかはまだイメージできてないです……

勇治

奥が深い仕事だからね。ちなみに、はなが支援依頼を検討しているのはバイサイドFAってことだよね？

はな

バイサイド？

勇治

FAは案件ごとに、買い手か売り手、どちらかの支援に徹底するんだ。買い手側がバイサイドFA、売り手側がセルサイドFAといわれる。どちらも片側の会社の「価値や利益」に対してアドバイスをするのさ

はな

私の会社の場合は、M&A戦略でどのような会社と一緒になるとシナジーが得られるかを検討しているから……バイサイドになりますね！

勇治

バイサイドFAはスケジュールの管理や各DDの取りまとめ、条件交渉支援、PMIへの橋渡しなど、ディールの管理支援者として支援してくれるよ

はな

そうなんですね、バイサイドFAへは、M&Aの方向性がある程度形になってからお願いしたほうがいいんですか？

勇治

そんなことはないさ。M&Aが始まる前からだと、クライアントの戦略に合わせた買収候補先の発掘（ソーシング）なども支援してくれるよ

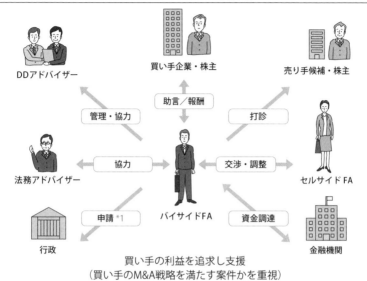

バイサイドFAとM&A関係者

買い手の利益を追求し支援
（買い手のM&A戦略を満たす案件かを重視）

代表的な仕事例（抜粋）

特有な仕事 / 共通性のある仕事

売却戦略検討選定・打診	・M&A戦略の検討・具体化を支援し、候補企業の一覧化・アプローチを行う	Valuation	・提示情報や分析結果を用いて、買収想定価格を算出し、価格交渉に用いる
プロセス管理	・「何を」「いつまでに」「誰が」実行するかなどを管理する	DD管理	・DDの進捗や問題点を管理するとともに、セルサイドFAへの依頼や調整を行う
リスクの予測と対応	・案件継続が危ぶまれるリスクを予見し、回避や対応策の準備を実施する	資金調達	・M&Aの規模に応じて買収資金の調達を支援する
交渉	・買い手のM&A戦略を実現できるよう、目的に沿った交渉を実施する	その他	・諸契約にかかる事務や当局対応、社内・社外公表などを支援する

*1 独占禁止法など、公正取引にかかる諸規則に従い、必要に応じて届出などを行う場合がある

勇治

はな、セルサイドFAがどんなことをやるのか想像つくかな？

はな

スケジュールの管理や、条件交渉の支援とかですか？

勇治

もちろんそうだね。セルサイドFAは、M&Aプロセスのグランドデザインの検討など、重要な役割がある。ただ、それだけじゃない売り手の支援ならではの仕事がほかにもあるんだ

はな

なんだろう、バイサイドFAはDDの整理をやっていたから……
あ！　資料をバイサイドに渡すための仕事ですか？

勇治

ご名答。DDの受入れ、資料対応なども支援するんだ。案件進捗の妨げになりそうなことは、積極的に排除することが求められるのさ

はな

でも、情報整理って、売り手側が自身でやったほうがよくわかっているし、効率的だと思うんですけど……

勇治

売り手も通常業務があるから、M&Aに人員を割けないケースが多い。そのため、セルサイドFAは資料整理などの支援も行うんだ

セルサイドFAとM&A関係者

売却対象企業　　売り手株主　　買い手候補

助言／報酬

支援　　　　　　打診

法務アドバイザー　協力　　交渉・調整　　バイサイド FA

行政　　申請 *1　　セルサイドFA　　資料提供　　DDアドバイザー

売り手の利益を追求し支援
（売り手の希望する価格や条件と一致するかを重視）

代表的な仕事例（抜粋）

特有な仕事
共通性のある仕事

売却戦略検討選定・打診	・売却方針の検討を支援し、候補企業の一覧化・アプローチを行う	Valuation	・売却基準価格を算出し、買い手との交渉に備える
プロセス設計・管理	・M&A取引の動きのグランドデザインを描き、プロセスの実行を管理する	資料作成	・IM作成や、初期格納資料など、DD時送付する膨大な資料の作成を支援する
リスクの予測と対応	・案件継続が危ぶまれるリスクを予見し、回避や対応策の準備を実施する	DD受入れ	・DDの基本ルールを設定し、VDR準備や窓口、調整などを一括して担当する
交渉	・売り手の売却目的や高利益が実現できるよう、目的に沿った交渉を実施する	その他	・諸契約にかかる事務や当局対応、社内・社外公表などを支援する

*1　独占禁止法など、公正取引にかかる諸規則に従い、必要に応じて届出などを行う場合がある

VDR：Virtual Data Roomの略。売り手側と買い手側による資料の共有を円滑化するためのITプラットフォームのこと。

M&A仲介はどんな仕事をするのか

はな

M&Aの仲介をしている会社も「FA」ってことになるんですか？

勇治

難しいね。FAであるとも、FAとは異なる役割ともいわれる。M&A仲介会社の人たちはあまり自分たちをFAとはいわない印象かな

はな

そうなんですね、どんな所が違うんですか？

勇治

誤解をおそれずにいえば、FAは「交渉」要素が強く、M&A仲介は「調和」要素が強いところかな

はな

なんだか結婚相談所みたいですね

勇治

M&A仲介では、売り手と買い手両方を支援するから、「案件の成立」に対してアドバイスをするイメージがわかりやすいかもね

はな

どちらか一方の価値や利益を集中的に追求するのがFAで、両社の円満な関係や利益、妥協点を追求するのがM&A仲介なんですね！

勇治

もちろんM&A自体売り手と買い手がマッチすることが一番だから、その点でFAとM&A仲介の目的は同じだけど、支援方法などが異なるということだね

M&A仲介とM&A関係者

売却対象企業
株主

買い手候補
企業・株主

助言・打診/報酬 *1

助言・打診/報酬 *1

合意調整

M&A 仲介会社

案件の成立を追求し、両方の企業を支援
（事業承継など、成立優先性の高い案件に強み）

代表的な仕事例（抜粋）

特有な仕事
共通性のある仕事

案件の組成	・売り手候補と買い手候補の特徴から、双方に合った案件を組成する	資料作成	・売り手側に立ち、DDに向けた資料や案件紹介資料の作成を行う
プロセス設計・管理	・M&A仲介取引の動きのグランドデザインを描き、プロセスの実行を管理する	Valuation	・売り手側の開示資料をもとに、買い手と売り手が合意する金額へ調整する
合意形成	・双方の希望を取りまとめ、円滑なディール実行に向けて妥協点を探る		

M&Aプラットフォーム

売り手と買い手が登録してやり取りできるマッチングプラットフォーム。低コストであり、小規模なM&Aや地方中小企業などでの活用が目立つ

M&A仲介会社や、非M&Aプレイヤーのプラットフォーマーなどが参入し、独自のネットワークを展開している

*1 双方から報酬を得る形式や、売り手か買い手いずれかのみから報酬を得る形式があり、案件やM&A仲介会社によって異なる

4 候補企業の探し方（買う場合）

FAって、どうやってM&Aの候補先企業を探しているんだろう

秘密のネットワークとか、水面下で動いているのかも？

一般的にソーシングといわれる業務ですね。はなさんの話は半分合ってます。まずはバイサイドFAで、M&A戦略から支援している状況を想像してみましょうか

お願いします！

初めに業種や事業規模、地域などの大まかな条件を聞いて、その条件に合う企業を公開情報からざっくり一覧化し、その一覧からよりニーズに合う会社を選出して、打診を始めますね

公開情報からなんですね、秘密のネットワークは使わないのか……

日頃のお付き合いの中で企業からヒアリングした情報を活用することもありますね。規模の大きいFAは世界中で案件ネットワークを形成しているので、その情報を活用して、案件を紹介することもあります

だから「半分合ってる」ってことだったんですね！

そのとおりです。選出する前のざっくりしたリストを「ロングリスト」、詳細に検討を進めて選出したものを「ショートリスト」と呼びますね

たろう

ソーシングではFAごとに差別化要素はあまりないんでしょうか？　どのFAがやってもあまり結果が変わらないのかなぁと

 雅彦

そんなことはないよ、たろう。クライアントの経営状況、事業への理解度、ネットワーク力などでリストの内容は変わってくる。FAとしての力が試されるんだ

FAの視点

バイサイドソーシングのプロセス	バイサイドソーシングの重要な観点例
☑ M&A戦略の策定・方針のヒアリング ⋁ 候補企業のイメージ感（業種・規模・地域など）を確認	☑ **買収イメージと親和性のある企業か** 事業内容や製品、事業規模（想定される買収金額）、営業地域などが、イメージ像と一致した企業を一覧化する
▤ ざっくり一覧化（ロングリストの作成） ⋁ 戦略内容をもとに、方針に一致すると考えられる候補数十〜数百社を一覧化	☑ **価値向上可能性やシナジーのある企業か** 買収後、シナジーが発揮できそう、財務改善によりバリューアップが期待できそうな企業を一覧化する
⌕ 詳細に一覧化（ショートリストの作成） ⋁ ロングリストをもとに、より詳細な情報（事業内容やシナジー可能性など）から、数社〜十数社に絞り込み	☑ **買うことのできる企業か** 交渉に応じてくれそう、公開買付け等手段があるなど、実際に買収が可能だと考えられる企業を一覧化する
☎ 候補企業への打診 ⋁ ネットワークなどを活かして、または代表者への連絡を通じて候補企業に売却検討の打診を行う	☑ **売買を行ううえで信用に足る企業か** M&Aにおいてもレピュテーションリスク（風評リスク）は存在するため、社会的信用に足る企業を一覧化する
⋮ Executionへ続く・・・	

シナジー：M&Aなどの結果、他社との協業・統合などにより効用をもつ価値向上効果のこと。特に、単独で事業をする場合よりも価値が増加することを指す。反対に、価値が低下することをディスシナジーという。

5 | 候補企業の探し方（売る場合）

セルサイドFAはどうやって売り先を探しているんですか？

やり方はあまり変わらないけど、リスト作成の出発点が違うかな

確かに、セルサイドだと「どんな会社に売りたいか」と「買ってくれるかどうか」の両方が重要ですよね

はなさん、さすがですね。バイサイドでももちろん重要ですが、セルサイドでは売却することは決定しているので、「買ってくれるかどうか」はより重要な視点になります。これは、ショートリスト化する際にも重要な視点ですね

なるほど、「売ることが決まっている」ということが注目ポイントですね

あとは、セルサイドの場合、候補企業への打診が大変かなぁ……

そうなんですか？　バイサイドと比べると話しやすいと想像していましたが……

会社を売る、という情報は非常にセンシティブだからね。対象企業への打診においても、どの程度の情報を開示するかなど、細心の注意が必要だよ

34

FAの視点

セルサイドソーシングのプロセス	セルサイドソーシングの重要な観点例

セルサイドソーシングのプロセス

☑ **売却戦略の策定・方針のヒアリング**

∨ 売却に際して重視したいポイント（売却後の事業イメージなど）を確認

ざっくり一覧化（ロングリストの作成）

∨ 事業内容・規模・地域などをもとに、買収関心が高いと考えられる候補数十〜数百社を一覧化

詳細に一覧化（ショートリストの作成）

∨ ロングリストをもとに、より詳細な情報（事業内容や関心可能性など）から、数社〜十数社に絞り込み

候補企業への打診

∨ ネットワークなどを活かして、または代表者への連絡を通じて候補企業に買収検討の打診を行う

⋮ Executionへ続く・・・

セルサイドソーシングの重要な観点例

☑ **買いたいと思ってもらえる企業か**
買収候補企業の戦略やポートフォリオを調査し、より対象会社を「買いたい」と考えそうな企業を一覧化する

☑ **好条件で買ってくれそうな企業か**
買収候補企業の事業内容や戦略を調査し、より対象会社を高く評価してくれそうな企業を一覧化する

☑ **買収後、事業を重要視してくれる企業か**
売り手としても、売却後に事業や従業員が重要視され、成長してほしいと考えるため、シナジーや実績のある企業を一覧化する

☑ **売買を行ううえで信用に足る企業か**
M&Aにおいてもレピュテーションリスク（風評リスク）は存在するため、社会的信用に足る企業を一覧化する

6 FAの仕事で陥りがちな落とし穴

 雅彦　たろう、FAの仕事で陥りやすい落とし穴って何だと思う？

 たろう　そうですね……、あっ、お客さんとのコミュニケーションがうまくいかないとか！

 雅彦　具体的には？

 たろう　わからないです……

 雅彦　一番大きい落とし穴は、FAとクライアントとの間で、お互いに「相手は知っているだろう」と思い込みをしてしまうことなんだ

 たろう　「思い込み」ですか？　確かにあまりよくないことが起こりそうですね

 雅彦　例えば、顧客から真の意思決定者を聞きそびれてしまうことなどが起こる。些末にみえるかもしれないが、おそろしい事態につながるんだ

 たろう　どんな事態につながってしまうんですか？

 雅彦　社長との間で基本合意まで進めていたけど、会長や取締役会から急にSTOPをかけられてしまう……なんてことが考えられるね

 たろう　それは確かにおそろしい事態ですね……

雅彦

FAの仕事では、落とし穴やリスクを「予見」し、回避や対処ができるよう徹底した準備をすることが重要なんだ。さまざまな案件に一貫して携わり、しっかりと経験を積もう

たろう

がんばります！

🖼 思い込みによる意思決定者の誤認

顧客の担当者や社長を「意思決定者」であると思ってしまいがち
一定のプロセスまで進んだ後、会長や取締役会など、本当の意思決定者によって案件が停止するケースあり
コミュニケーションを通して、クライアント内の役割を理解しておくことが重要！

🔄 思い込みによるクライアントとの目線・認識齟齬

FAが経験に基づいて考える可能性やリスクは、一度や二度の会話では伝わらない
重要な局面において、「必要資料の不足」や「想定外の対応必要性」などが発生するケースあり
クライアントとFAは同じ絵を見ることができているか、常に対話を通じて確認しておくことが重要！

👥 M&Aの成立に意識が向くあまり、「なぜこのM&Aをやるのか」を忘れる

プロセスが進んでくると、クライアントもFAも「ディールを完結させること」が目的となってしまいがち
信用性やシナジーなどに疑問をもちながら進めてしまった結果、買収した意味を失ってしまうケースあり
ディールの進退を含め、「クライアントの利益につながる」助言を行う姿勢を貫くことが重要！

⚠ 「最悪のケース」の想定を怠り、後手後手な対応でディールブレイクする

FAの価値は、経験則から先を見通し、起こり得るリスクにあらかじめ対処することである
ただ経験則から「これは起こらないだろう」と最悪のケースについて過小評価をしてしまいがち
最悪のケースに対する対応策を常に念頭に置きながら、実務に取り組むことが重要！

第 3 章

M&Aと
ファイナンシャル
アドバイザーの関係

はな

あいたい
相対方式……？

雅彦

はなさん、どうしたんですか？

はな

あ、雅彦さん！　実は大矢さんから「今回のM&Aは相対方式で行けそうだ！」と連絡があったんです。でも、相対方式というのがピンときてなくて……

雅彦

なるほど。確かに以前のM&A（「いまさら聞けないM&Aってなに？」編参照）はビット方式でしたね。

はな

どんな違いがあるんですか？

雅彦

一言でいってしまえば、「買い手候補の数」の違いですね。相対方式の場合は、買い手候補1社だけでM&Aを進める、という状況です

はな

M&Aって、2者間だけで完結することもあるんですね！

雅彦

相対方式だと2者間で交渉が進むから話も早いし、スケジュールも交渉しやすい側面があるので、買い手は相対型で交渉を進めたがることが一般的です。大規模なM&Aになるほどビット方式が主流ですが……

はな

大矢さんが喜んでいたのは、そういう理由があったんですね

ビット方式の場合、期限などシビアな部分が多くなります。売り手側としては、複数のFAやDD対応をする必要があって大変な一方で、提示価格が比較でき、結果、高値で売却できる可能性が高まりますね

	相対方式（あいたい）	ビット方式（入札方式）
概　要	◆売り手と買い手が1対1で取引	◆複数の買い手候補からオファーを募集 ◆段階を踏んで候補を絞り、売り手にとって最も取引条件がよい買い手と取引
売り手のメリットや留意点	◆売却検討の情報が社内外に広まるリスクを減らすことが可能 ◆売却後の戦略を交渉時から具体化可能	◆価格面を中心に、最も取引条件がよい買い手を選択することが可能
買い手のメリットや留意点	◆相対的に取引条件の交渉が容易 ◆対象会社へのより深い理解や、買収後の戦略への議論が可能	◆取引条件が不利となる（金額が高くなる）リスクが存在 ◆期限の厳しい入札スケジュールへの対応が必要

2 M&Aの手法とFA

はな

M&Aって、100%の株式取得だけじゃないの？

たろう

どうしたの、急に。前のM&A（「いまさら聞けないM&Aってなに？」編参照）でも、勇治さんのファンドと50%ずつ株式を取得したでしょ

はな

そうじゃなくて、「増資」とか「新会社設立」とかもM&Aの一部だって、この前本で読んだのよ

勇治

大きくは目的の違いと思ってもらっていいね

はな

目的の違い？

勇治

「増資」の場合、買い手の持株比率が高まるため、買い手の支配力が高まる一方で、売り手にとっては、経営を続けつつ資金調達もできる点などが魅力だ

たろう

「新会社設立」は、ある事業や分野において共同経営をしたいときにとる手法で、互いのノウハウや商流を活かせる点などが魅力的ですよね！

勇治

よく勉強しているじゃないか。特にFAの役割が重要なのは、どちらか、または両方の会社が事業を切り出して、新会社を設立するケースだな

はな

なんかくやしい……しっかり勉強します！

勇治

さらにM&Aを理解すれば、今のFAとも議論が捗るぞ！
検討を進めていく中でFAと議論を重ね、どんなM&Aがよりよいか考えることが重要だ

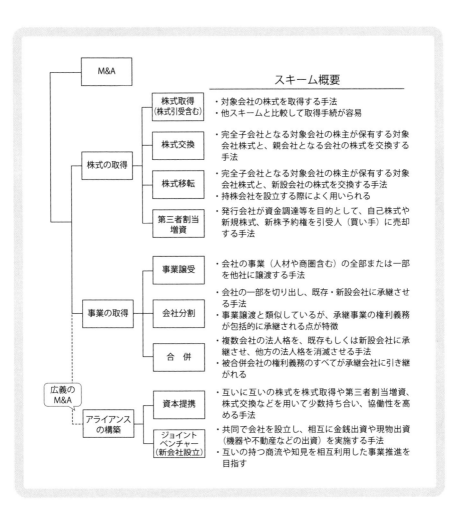

3 FAとマイルストーン

雅彦

どうだ、たろう、FAの仕事には慣れてきたか？

たろう

少しずつですがなんとか！　常にM&Aプロセスの最後まで見通していなければいけない分、気が抜けなくて大変ですね

勇治

その姿勢は大事だが、マイルストーン（段階的な目標・節目）も意識しないとダメだぞ

たろう

マイルストーンですか？

雅彦

秘密保持契約、IM、意向表明、基本合意、最終契約などなど、FAはディールの細部までちゃんと見て、「今どうあるべきか」を考える必要があるよ

たろう

ああ、まだ覚えきれていない単語がずらっと……

勇治

FAがマイルストーンを捉えることで、顧客は今何をすべきか、何を判断すべきか冷静に考えられる。マクロとミクロどちらの視点も欠けてはならない

雅彦

FAとしても、契約によってはそのマイルストーンごとに報酬をいただけるわけだからね

たろう

長期的な視点を持ちながら短期的に「どうあるべきか」を考える。簡単そうで難しいですけど、なんかやる気出てきました。がんばります！

おお、その調子だ。立派なFAになってぜひ一緒に仕事をしよう！

勇治

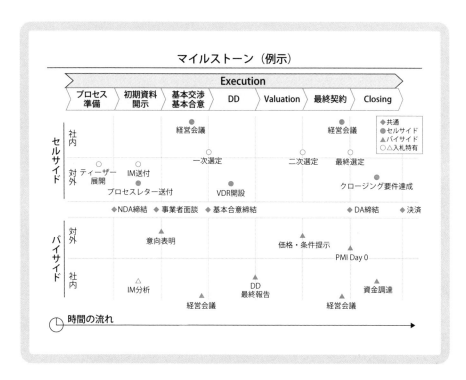

ティーザー：売却対象会社や、その取引のおおまかな概要を、企業名などを匿名にして記載した資料のこと。売り手側のFAが、買い手候補への検討打診をする際に使用する。ノンネームシートと同義。

4 インフォメーションメモランダム（IM）

雅彦

たろう、最近案件の状況はどう？　セルサイドだったっけ

たろう

ちょうどインフォメーションメモランダムを作成しているところです！

雅彦

IMか。IMが何かについては、さすがにわかっているよね？

たろう

もちろんです。「主に入札案件で売り手側が作成する、売却対象会社/事業の詳細な説明資料」ですよね

雅彦

辞書みたいな説明だね。ちなみに、どうしてIMを開示するかわかるかな？

たろう

どうして開示する？　あ、確かになんでだろう……

雅彦

ちゃんと目的から理解しないとダメだぞ。買い手にとって、初めの意向表明を出すための大きな判断材料になるからなんだ

たろう

確かに、買い手にとってもM&Aを進めるのは大変だからこそ、いったん進めるかやめておくか、早い段階で大まかに考えておく必要があるということですね

雅彦

買い手に売り手の状況を理解してもらわないと、その後の交渉が非効率になる側面もあるからね。また、まずは興味を持ってもらうことが大事だから、IMをどう作成するかは重要になるんだ

Information Memorandum (IM)

主に入札案件において配布される、案件や売却対象企業の詳細な情報を記載・整理した資料。秘密保持契約締結後に配布する。

NDA（秘密保持契約）締結後

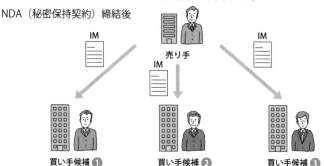

```
どうして機密情報を配布するの?
```
秘密保持契約があるとはいえ、会社の詳細な情報を開示するのはなかなか気が引けますよね

ですがIMは、**買い手候補が一次入札にかかる意向表明を判断するための重要な材料**であり、**一次入札の価格の水準感を決める役割**も持っている大事な資料なのです

FAの役割

セルサイド	作成支援	・セルサイドDDやインタビューに基づき、IMの作成を支援
	配布展開	・以降の段取りなどを記載した「プロセスレター」と合わせて送付
バイサイド	IM分析	・IMの確からしさを分析し、DDで調査すべき点を検討する
	初　期 Valuation	・IM分析に基づき、初期的な入札価格を算定

IMの記載事項（一例）

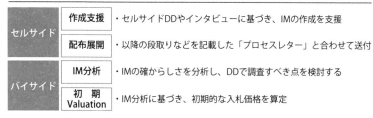

案件概要	対象会社関連概要
✓ 売却対象紹介	✓ 市場の概況
✓ 想定売却手法	✓ 事業構造・組織図
✓ 投資ハイライト	✓ 財務情報
（投資のメリット）、など	✓ 事業計画、など

5 基本合意

勇治　はな、最近M&Aの調子はどうだ？

はな　よい候補先が見つかりまして、ちょうど今基本合意に向けてFAの方と交渉を進めているところです！

勇治　お、いいね

はな　ただ、基本合意書の意味合いがいまいちつかめていなくて……

勇治　基本合意は、これからのM&Aプロセスをさらに深くするための重要なマイルストーンといえるね

はな　M&Aプロセスを深くする？

勇治　基本合意では「想定買収価格や条件」「DDの実施権」「交渉の独占権」などが盛り込まれる。M&Aプロセスの軸となる重要な決めごとになるんだ

はな　DDを実施する前から詳細まで決めちゃうんですか？

勇治　仮説段階だからDDなどによって変動するし、基本合意書の多くの部分に法的拘束力はない。ただ、軸があることによって互いのイメージがすり合わせられるから、その後のプロセスの拠り所になるんだ

Execution						
プロセス準備	初期資料開示	基本交渉基本合意	DD	Valuation	最終契約	Closing

Memorandum of Understanding (MOU)

基本合意とは

買収イメージや今後のスケジュール感等をすり合わせ、基本合意書（MOU）を作成すること。以後の交渉の軸となる。一部規定を除いて、**法的拘束力がないケースが多い**[*1]。

MOUで規定される代表的な事項（例）

想定価格想定条件	・初期的な価格や条件を記載。DDで更新されるため、幅を持たせる
今後のスケジュール	・いつまでにDDを実行し最終交渉を実施するか等、段取りと期限を規定
DD実施権協力義務	・DDにて対象会社の内部情報へアクセスするため、売り手の許諾を記載
独占交渉権	・一定期間、売り手が他候補先と接触せず、本交渉に集中する旨を記載

FAの役割

セルサイド	論点	・売り手に不利な条件（価格の上限、関係解消条項、など）で合意するのを避けられるか
	価値	・経験則に基づく、現実味のある基本合意の設計 ・買い手絶対有利の基本合意とさせない防波堤
バイサイド	論点	・今後のプロセスを円滑にする左記事項を合意できるか ・DDでの変動性を想定した基本合意にできるか
	価値	・経験則に基づく、現実味のある基本合意の設計 ・リーガルアドバイザーとの密な連携

> **MOUとLOIの違い**
> 基本合意書の略称は「LOI」であると紹介されるなど、MOUとLOIは混同されがちです
> LOI＝"Letter of Intent"は**意向表明書**という、ビット案件で入札意向を売り手に示す際、買い手が送付する資料のことを指します

[*1] 案件、規定によって設定するケースもある。秘密保持、独占交渉権、準拠法など一部規定は法的拘束力をもたせることが多い

49

6 FAとデューデリジェンス（DD）

FAとデューデリジェンスって、どんな関係があるんですか？　M&Aプロセスの同時期に並行して動いているけど、よく関係性がわかっていなくて……

切っても切れない関係と言ってもよいね。DD前からDD最中、DD後でFAとDDの関係は多様な姿を見せるんだ

そんなに深い関係なんですね

DDの準備からDD中では、セルサイドだとVDRの立上げや資料作成、開示、整理など、DDが円滑にできるよう支援する。バイサイドだと、資料の開示が芳しくない場合、セルサイドとの連絡窓口となるんだ。買い手側のDDを支援するDDアドバイザーが新たにM&Aプロセスに加わることになるから、彼らの仕事を円滑に進めるのが大きな目的とも言えるね

DDにとって大きな生命線ですね！

そしてDDで得られたファクトをもとに企業価値算定や交渉のロジックを組み立てていく。FAの「交渉」の根拠となるのはDDなんだ

FAとDDはしっかりと協力していくことで、お互いの仕事の付加価値が高まって、M&Aプロセスが円滑に進むようになるんですね！

そういうこと。だんだん理解が進んできているね

たろう

ありがとうございます！

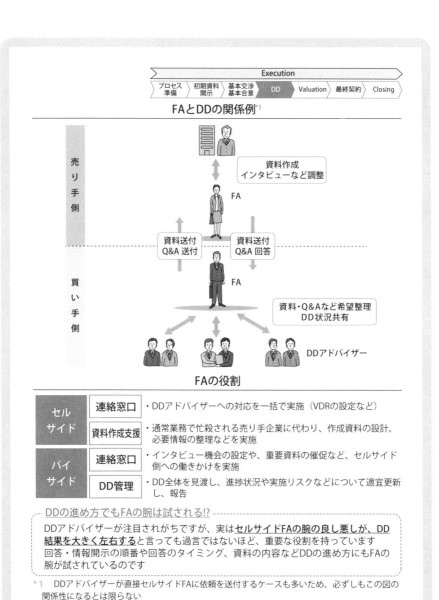

Execution						
プロセス準備	初期資料開示	基本交渉基本合意	DD	Valuation	最終契約	Closing

FAとDDの関係例[1]

売り手側

資料作成
インタビューなど調整

FA

資料送付
Q&A送付

資料送付
Q&A回答

買い手側

FA

資料・Q&Aなど希望整理
DD状況共有

DDアドバイザー

FAの役割

セルサイド	連絡窓口	・DDアドバイザーへの対応を一括で実施（VDRの設定など）
	資料作成支援	・通常業務で忙殺される売り手企業に代わり、作成資料の設計、必要情報の整理などを実施
バイサイド	連絡窓口	・インタビュー機会の設定や、重要資料の催促など、セルサイド側への働きかけを実施
	DD管理	・DD全体を見渡し、進捗状況や実施リスクなどについて適宜更新し、報告

--- **DDの進め方でもFAの腕は試される!?** ---

DDアドバイザーが注目されがちですが、実は**セルサイドFAの腕の良し悪しが、DD結果を大きく左右する**と言っても過言ではないほど、重要な役割を持っています
回答・情報開示の順番や回答のタイミング、資料の内容などDDの進め方にもFAの腕が試されているのです

*1　DDアドバイザーが直接セルサイドFAに依頼を送付するケースも多いため、必ずしもこの図の関係性になるとは限らない

7 | FAとValuation

たろう
はな、最近の仕事はどう？　本格的にM&Aを進めているんだよね？

はな
ようやくDDがまとまって、これからFAが条件交渉を始めるところ！

雅彦
ということはFAがValuation（企業価値算定）を進めているところですね

はな
そうなんです！　でも知りませんでした、FAの方がValuationをされるんですね。大手のファームだとValuation専門のチームもあると聞いていたので……

雅彦
確かに、無形資産の評価など、より詳細な価値算定が必要となる場合、Valuation専門のチームの協力を得ることもありますね

たろう
専門のチームがあるのに、どうしてわざわざFAが実施するんですか？

雅彦
FAが実施する意味があるからだね。どんなロジックで出したか、その根拠となるファクトは何かが争点だから、FAとしてしっかりと責任をもたなければいけない。Valuationを専門チームが行う場合には、FAとValuation専門チームとの連携が重要になる

はな
なるほど……。Valuationって、バイサイドだけが行うんですか？

雅彦
最終的な価格感を交渉でお互いの目線をすり合わせていく必要があるので、セルサイドとバイサイドどちらも実施することが多いですね

FAとValuationの関係

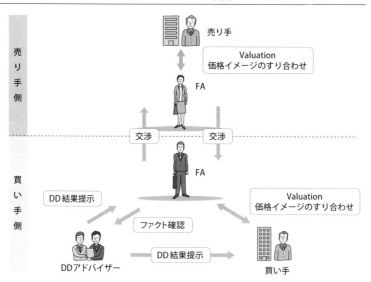

FAの役割

セル サイド	算　定	・交渉上における一定の基準価格を理解するため、セルサイドも Valuationを実施。
	交渉整理	・基準価格・バイサイドの提示価格を、売り手の納得できる金額 感・条件への交渉に活用
バイ サイド	算　定	・DD結果から提示価格を算定 ・ファクトを精査しロジックを積上げ、交渉に備える
	交渉整理	・発見事項やその内容を示し、買い手の求める金額感、条件の交 渉に活用

提示価格はそのまま採用される?

Valuation（企業価値の算定）の重要な目的の1つに売り手・買い手双方の「金額許容度」を握ることがあります
つまり、「いくらまで払えるか」「いくらでなら売るか」のイメージをすり合わせ、実際いくらで取引するかFAも交えて交渉していくため、そのまま採用されるケースは稀です

53

8 FAによる「交渉」

たろう

雅彦さん、今から帰宅ですか？　お疲れの様子ですね……

雅彦

そうなんだ、相手側のFAとの交渉で大変だったんだよ

たろう

交渉、なんだかFAの醍醐味って感じですね！　どんなことを交渉するんですか？

雅彦

今日は、「DD結果や企業価値の試算をもとに、いくらで売買をするのか」が主要論点だったよ。分析結果や価格感の認識齟齬をチェックする最終工程だからね

たろう

なるほど……。売り手は高く売りたいし、買い手は安く買いたいでしょうから、交渉は難航しそうですね

雅彦

そのとおり。だからDDでの分析や、FAの経験・力量が重要になるんだ

たろう

もし、価格が合意できない場合はどうなるんですか？

雅彦

買収対象の見直しなどもあるけど、「条件」の交渉になることも多いね。買収後のサポート体制、ブランド利用の有無とか

たろう

価格以外にも交渉の余地はいっぱいあるんですね

Execution中は常に何らか交渉が行われる

	Execution					
プロセス準備	初期資料開示	基本交渉基本合意	DD	Valuation	最終契約	Closing

初期交渉　　　　　　　　　　最終交渉

FAの交渉とは

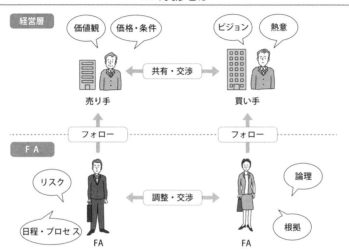

経営層

価値観　価格・条件　　　　　ビジョン　熱意

売り手　←共有・交渉→　買い手

フォロー　　　　　フォロー

FA

リスク　　　　　　　　　　　論理

日程・プロセス　←調整・交渉→　根拠

FA　　　　　　　　FA

FAの発揮する価値例

経営層が「M&Aのその先」に集中できる環境作り

・M&Aプロセスの実務にかかる交渉・調整をFAが担う
・経営層は、買収後のビジョンや事業計画、M&Aイメージの共有・交渉に集中することができる

条件の整理

・M&Aに関する議論相手としての価値も発揮するFA
・どの条件が「Must」か、どの条件が「Want」かを、議論を通じて再確認・整理することができる

交渉・主張・妥協点の整理

・多数のディールを経て、経験を蓄積しているFA
・協働を通じ、「押すべきところ」「引くべきところ」などの勘所を理解して交渉に臨むことができる

交渉論理・根拠の整理

・DDアドバイザーや弁護士等との連携・管理を実施
・交渉に必要な根拠（DD情報、算定企業価値など）やそれに基づく論理の整理・構築を強化することができる

経験に裏づけられた「いざというとき」の対応

・多数のディールを経て、経験を蓄積しているFA
・想定されるリスクの影響度・規模を評価し、事前に対策を行うとともに、顕在化した際、迅速な対応ができる

9 最終契約（DA）

はな
勇治さん、M&Aプロセスの終盤ではどんなことをするんですか？

勇治
当事者間の「契約」を結ぶんだ。株式譲渡契約、事業譲渡契約等々を総称して、最終契約（DA: Definitive Agreement）と呼ばれているよ

はな
M&Aの形式によって契約の形が違うんですね！　どんなことを契約するんですか？

勇治
買収範囲やストラクチャー、買収の前提などの買収条件や、表明保証、制約などで構成されるよ。そして基本合意とは大きく違う点が存在するんだ

はな
大きく違う点？

勇治
それは、確かな法的拘束力が存在することだ。だから基本合意と違って、補償の条項なども盛り込まれるんだ。反故にすることはできない

はな
なるほど、この最終契約で、FAの仕事は終わりになるんですか？

勇治
実際の株式譲渡や対外的な発表などに関する支援などもしてくれるよ。そしてクロージングを迎えるんだ。しっかり案件がクローズするまで、本当に頼りになる存在さ

Execution							
プロセス準備	初期資料開示	基本交渉基本合意	DD	Valuation	最終契約	Closing

最終交渉での代表的な論点例

価　格	・最終的な価格を提示し、調査結果をもとに両者が合意する金額を決定する
支払方法	・一括か分割か、現金か株式かなど、両者が合意する支払方法を決定する
買収条件M&A手法	・買収範囲や買収後の売り手の責任範囲、買収ストラクチャーなどを決定する
クロージング要件	・クロージングまでに完了すべき事項[1]を決定する
表明保証	・DDなどで提出された情報が真実かつ正確であることの表明を保証する
TSAの設定要否	・移行期間中の売り手からの支援要否・内容を決定する（22参照）

最終契約〜クロージングのプロセス（例）

DD、Valuationをもとにした最終交渉

上記に示した論点について、DDなどで得たファクトや両者の考えをもとに、密に交渉する

株式譲渡契約（SPA）などの準備、締結

交渉を経て合意した内容を法的拘束力のある契約として書類化し、両者署名等を以って締結する

クロージングに向けた諸準備

対外および社内への公表、バイサイドは資金調達など、セルサイドはクロージング要件の達成など、クロージングに向けて最終的な準備を行う

クロージング

契約書に基づき、株式や事業の受け渡し、対価の支払いなどを実施する

PMIへ続く・・・

* 1　案件によってさまざまだが、表明保証の正確性や取引先との関係継続の同意、重要社員の同意等が例として挙げられる

はな

雅彦さん、ジムでお会いするの久しぶりですね！

雅彦

あ、はなさん、久しぶり。最近ちょっと忙しくて。PMI、買収後の統合作業に向けて、いろいろ考えなきゃいけないことがあってね

はな

FAの方々ってPMIにも関与されるんですか？

雅彦

PMIにはPMIの専門チームがあるので、バイサイドのFAがPMIを主導することはないけど、橋渡し役としての役割はありますね

はな

橋渡し役……、例えばどんなことをするんですか？

雅彦

FAとしても、PMIを想定してディールを実施する必要があるので、DDの頃から将来のPMIチームと連携し、「どんな情報を取得すべきか」「買収条件など、どんな情報が必要か」などをすり合わせますね

はな

PMIチームの方って、最終契約後に参画されるわけじゃないんですね

雅彦

いかにExecutionのフェーズ中から連携できるかが、その後の成功のカギだと思っています。M&Aの最終契約を、PMIでは「Day 0」と呼びますからね。よりよいPMIのため、DD、インタビューなどでの議論機会を作る必要があるなど、FAの責任は重いんですよね

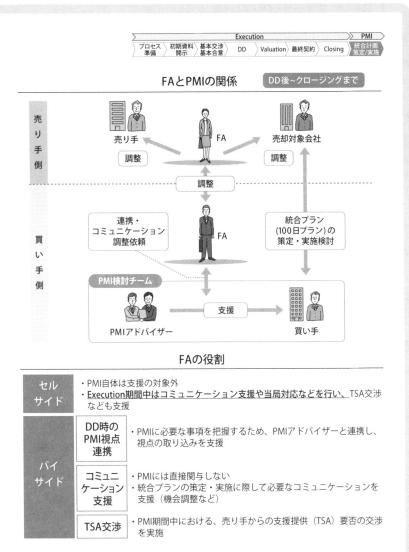

| Execution | | | | | | | PMI |
| プロセス準備 | 初期資料開示 | 基本交渉基本合意 | DD | Valuation | 最終契約 | Closing | 統合計画策定/実施 |

FAとPMIの関係　　DD後~クロージングまで

売り手側

売り手 ← FA → 売却対象会社
調整　　　　　　　　調整

調整

買い手側

連携・コミュニケーション調整依頼 ── FA

統合プラン(100日プラン)の策定・実施検討

PMI検討チーム

PMIアドバイザー ── 支援 → 買い手

FAの役割

セルサイド		・PMI自体は支援の対象外 ・**Execution期間中はコミュニケーション支援や当局対応など**を行い、TSA交渉なども支援
バイサイド	DD時のPMI視点連携	・PMIに必要な事項を把握するため、PMIアドバイザーと連携し、視点の取り込みを支援
	コミュニケーション支援	・PMIには直接関与しない ・統合プランの策定・実施に際して必要なコミュニケーションを支援(機会調整など)
	TSA交渉	・PMI期間中における、売り手からの支援提供(TSA)要否の交渉を実施

TSAって何?

TSA = Transaction Service Agreementは、**売り手側から一定期間、今まで提供されていた業務を継続してもらうための契約**のことです。買収対象が人事・財務・総務等の機能を固有で持たない場合、それらの機能が停止してしまうと業務に支障が出てしまうため、準備が整うまで業務を継続してもらう必要があるのです

59

たろう
敵対的買収か……

はな
たろう、どうしたの？

たろう
最近ニュースで「敵対的買収」って言葉をよく聞くけど、なんで「敵対的」という言葉を使っているのかなと

勇治
言葉どおりの意味だからね。一般には対象会社の経営陣などが、買収や増資などに対して反対しているディールを「敵対的買収」っていうよ

たろう
反対されていてもM&Aって成立するんですか？

勇治
TOB（株式公開買付）という手法が使われることが多いね。FAの支援を受け、「この値段で株式を買います」と買い手が公示し、不特定多数の株主から株式を取得するのさ

はな
確かにそうなると、経営陣の意向でなく株主の意向でM&Aが進みそうですね。経営陣は何もできないんですか？

勇治
経営陣から別の会社にTOBをお願いすることなどができるよ。そのようなTOBをする会社は「ホワイトナイト」と呼ばれることもある

たろう
そうやって敵対的買収を防ぐのか、本当に騎士みたいですね

勇治

> ただ、敵対的TOBをする買い手が必ず悪者なわけではないし、ホワイトナイトが敗北する例もある。関係性によってM&Aはいろんな見え方ができるんだよ

敵対的買収とは

一般に対象会社の経営陣との同意のないまま、買収を仕掛けること
多くの場合TOBの手法を用いる

敵対的買収の目的例

敵対的買収では通常のM&Aの目的以外に「迅速な経営陣の刷新」を目標とし
下記目的のために実施されることもある

| 業績の改善 | ・業績不振を経営陣の責任と捉え、当社の本来の価値を発揮させるため |
| 対立の解消 | ・株主の意向に沿わない経営方針を改善するため |

TOB（Take Over Bit）とは

主に上場企業*1の株式を多数取得するため、市場外で「期間」「価格」「目標株数」などを
公示し、**不特定多数の株主から株式を取得する手法**
日本においては、以下の例の場合、**TOBを行わなければならない**

✓ 多数から買付け*2、買付後所有割合が5％を超える

✓ 著しく少数から買付け*3、買付後所有割合が1/3*4を超える

---TOB以外に敵対的買収の手法は存在するか---------------------------

買付手法としては、市場取引で地道に買付けを行う方法、対象会社を支配している株主と相対取引を行う方法があります。ただ、迅速に一定以上の株式取得を目指す場合、TOB実施義務が生じてしまうため、あまり採用された例を聞きません。その他、「友好的買収に変えてしまう」方法として、プロクシーファイト（委任状争奪・敵対経営陣の解任）や、ベアハグ（選解任権行使や責任追及の揺さぶり）があります。ただ、一貫して「敵対的買収」として実施される買収は、TOBを用いることが一般的と言えそうです

---

*1　未上場企業においても、公開買付規制（多数株主の存在等）に基づきTOBが必要となるケースがある

*2　「多数からの買付け」とは、60日間で10名超から買い付ける場合のことを指す

*3　「著しく少数からの買付け」とは、60日間で10名以内から買い付ける場合のことを指す

*4　2023年末時点。金融商品取引法改正により30%に引き下げる検討もされている

買収防衛策に対する基準

ユノカル基準

敵対的買収に対抗して「買収防衛策」を実施するには取締役会は以下の事項を立証しなければならないとした基準

[Reasonableness（合理性）] 会社の経営や効率性に対する脅威と示す合理的根拠がある

[Proportionality （相当性）] 実施する買収防衛策が脅威への対応として相当である

--- ユノカル基準の由来は？ -
> 1985年、米国にてユノカル社が敵対的買収を受けた際の判例に由来。M&Aにおいて法務や判例が重要な役割を示す一例です

レブロン基準

買収対象となった企業の取締役会は、株主の利益最大化のため、できる限り高い価格で売却すべきとした基準

防衛策（一例）

予防・対策	ポイズンビル（ライツプラン） ◆新株予約権を発行し、保有比率を高くできなくする ◆株価が下がり、株主の資産が減少するリスクあり ゴールデンパラシュート ◆役員の退職金を故意に高く設定し、買収意欲を削ぐ ◆実施の合理性や相当性を示すのが難しい	緊急策	焦土作戦（スコーチド・アース・ディフェンス） ◆重要な事業・資産の売却などで買収者に利点を残さない ◆買収交渉中止後の事業継続性に多大なリスクを負う

代表例：ホワイトナイト（緊急策）

ターゲットの取締役会等から依頼を受けた友好的な買い手が買収提案すること

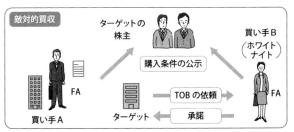

◆敵対的買収を仕掛けた買い手はすでに公示していることから、**より好条件で買収提案が可能**なため、敵対的買収が成立しにくい

◆ただし、ホワイトナイトの依頼先を探すことは難しく、また、最終的には多数株主の選択によるため、必ずしも買収防衛が成功するとは言えない

--- 非上場企業への敵対的買収はできるのか -
> 敵対的買収の場合、情報開示の協力が得られず、DDを十分に実施できません。非上場企業では公開情報は極めて限られるため、友好的でないと何の情報も得られなくなり、買収検討すら難しいと言えます（既存株主による敵対的買収であれば可能）

第 4 章

ファイナンシャルアドバイザーのアウトプット

Company Profile

- 国内内装材メーカー「Moon社」
- 総合内装材メーカーとして、自動車や商業施設に向けた多岐にわたる商品を提供
- 営業拠点は日本・アジア太平洋
- 近年は、内装材とのシナジーを有し、市場成長の見込まれるBtoC事業分野に進出

Deal Overview

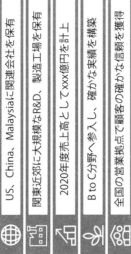

- Moon社株主（当社社長）から買い手へ100%株式売却（事業・資本承継）を想定
- 各子会社・関連会社株式も連結して譲渡
- 「未来を託すディール」として当社の事業成長を期待

Key facts & profits

- US、China、Malaysiaに関連会社を保有
- 関東近郊に大規模なR&D、製造工場を保有
- 2020年度売上高としてxxx億円を計上
- BtoC分野へ参入し、確かな実績を構築
- 全国の営業拠点で顧客の確かな信頼を獲得

Contact

○○ 雅彦
ひかり銀行　M&A推進室
+81 80 XXXX XXXX
Masahiko.****@hkfg.**

ひかり銀行 M&A推進室
Hikari Building
Otemachi, Tokyo

Hikari Bank ひかり銀行

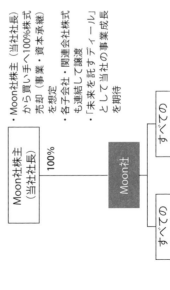

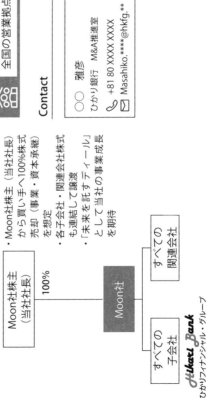

Hikari Bank
ひかりフィナンシャル・グループ

サマリー/案件概要/マーケット/事業・組織/財務情報/事業計画・戦略

Executive Summary

対象会社

松岡内装株式会社
- 1938年創業、本社を日本橋に構える国内内装材メーカー
- 総合内装材メーカーとして、多岐にわたる商品を提供
  - 自動車内装
  - 住宅内装
  - 商用内装　など
- アメリカ、中国、マレーシアにおいて、現地内装材企業との合弁会社を保有
- シート技術を応用し、キャンプ用品の製造し、販売子会社を保有

財務概要

地場のネットワークと新領域の開発により堅実な成長を実現

連結売上高推移（百万円）

xx,000

xx,000

0
2016 2017 2018 2019 2020

2020年度連結PL

（百万円）	
売上高	XX,XXX
売上原価	XX,XXX
売上総利益	X,XXX
販売費及び一般管理費	X,XXX
営業利益	XX
営業外収益	X
営業外費用	X,XXX
経常利益	XX
特別利益	X
特別損失	X
税引前当期純利益	XXX
法人税等	XX
当期純利益	XXX

Hikari Bank
ひかりフィナンシャル・グループ

市場と当社の優位性

🌐	日本、US、中国、マレーシアで事業展開
🏭	山梨・埼玉に大規模工場を保有
▦	OEM、自社販売の多角的な展開

⬆	成長目覚ましいキャンプ分野への積極投資
🔗	内装材OEMとしての確かな信頼関係
✂	周辺領域におけるR&Dの知見

事業計画

新規事業の成長を軸に、既存事業での利益改善など計画

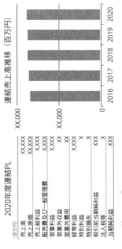

+xx%

EBITDAマージン

2020 2021 2022 2023 2024

❶ **成長事業への積極投資**
キャンプ用品事業を成長事業と定義し、新規出店や新商品開発を加速

❷ **主軸事業の利益改善**
主軸事業への設備投資を実施しつつ、より一層の事業経営効率化を加速

❸ **海外事業の拡大**
既存エリアの強化および既存エリア隣接の新規エリアへの進出を企図

3 アウトプットイメージ バイサイド①（ロングリスト）

対象企業候補リスト（全77社）
Draft for Discussion Purpose Only

※ハイライトはMond Advisoryのコンタクト先
（単位：百万円、人）

Tier	No.	企業名	所在国	事業領域	事業概要	時価総額	売上高	EBITDA	従業員数
1	1	ビッシャモン広告	Japan	Agency	北陸中心に屋外広告を手掛ける広告代理店。2018年のM&Aを経てデジタル市場に参入	184,650	77,610	3,513	1,541
1	2	えびすエージェンシー	Japan	Agency	出版広告事業からインターネット広告事業まで幅広く展開。デジタルブランディングアド市場における事頭格	102,022	32,715	2,821	1,105
1	3	JxM Interactive	Japan	Creative	JOKER HDの広告代理事業会社。M&Aを経てデジタル化したデジタルブランディングアド事業が中核化	—	13,010	—	271
1	4	Hot-ei son's Labo	Japan	Creative	新進気鋭のクリエックブランファームとして、デジタルブランディングアド事業を展開。カンスライオンス：ブロンズを受賞	29,822	4,820	470	31
1	5	フクロウ	Japan	Platform	クリエイティブに近いインターネットプラットフォーマーとして独自の地位を確立	—	8,876	—	89
1	6	大黒アド	Japan	Agency	アフィリエイトプラットフォームの広告代理業を展開。近年はクリエイティブ領域を強化	116,717	40,112	4,343	1,001
1	7	Focus Laboratory	New Zealand	Agency	プラットフォーマーやDSPとの事業提携を核として、各国に拠点を設置	—	—	—	991
1	8	Keel adtech	Estonia	Platform	プラットフォーム事業、クリエイティブ事業を展開。エストニア大手Swipe社との事業提携	—	19,180	—	224
1	9	VZフジサラス	Japan	Agency	デジタルブランディングアド市場初のとなるサブスクリプションサービスを展開	55,821	11,810	1,021	199
2	30	MU-Canopus Japan	Japan	Retargeting	グローバルのリターゲティング、代理店市場において事頭級の企業の日本法人	—	—	—	—
2	31	Guang Guang Group	HongKong	Agency	海外に拠点を置く中国企業のデジタルブランディングアド支援を提供する企業	—	—	—	—
2	32	AK-dobryj	Russia	Agency	ロシアに進出してきた海外子会社のデジタルブランディングアド支援を提供する企業	—	66,210	—	632
2	33	Moskva Kali	Russia	DSP	モスクワ屋外デジタル広告のDSPおよびクリエイティブブランサーピィングを手掛ける企業	—	—	—	—
2	34	Dr.Meier Digital	Switzerland	Creative	スイスの老舗広告制作企業Dr.Meierグループのデジタル推進部門として、2015年に創業	—	25,610	—	213

実際のアウトプットに近いイメージとするために作成されており、意匠、会社概要等一切は架空のものとなります

4 アウトプットイメージ バイサイド②（ショートリスト）

国内の買収補先 (1/2)
貴社のM&A戦略（事業内容・規模・実績など）に基づき、買収対象有力候補を選出

国内①/国内②/海外①/海外②/その他ティーザー情報

（金額単位：百万円）

（金額単位：百万円）	会社概要	売上高（直近）	従業員数	主要株主	買収イメージ（参考）
JxM Interactive in JOKER Network	JOKER社のデジタル広告事業を担う子会社。デジタルブランディングアート事業が中核化し、市場での評価が高まる	13,010	271	・JOKERインベストメント	・JOKER HDを打診先とした株式譲渡提案（買収）や出資（資本提携）提案
VL Fuji & Saras	デジタルブランディングアート会社。業界初のサブスクリプションサービスは一定の評価を獲得	11,810	199	・ファウンダー ・社員持株会 ・X広告	・当社を対象とした株式公開買付や、第三者割当増資の打診
えびす	出版やデジタルまで手掛ける総合広告代理店。デジタルブランディングアート事業を立ち上げ、市場において最大シェアを誇る	32,715（連結）	1,105（連結）	・X広告 ・A商事 ・Bトラスト	・デジタルブランディングアート事業にフォーカスした事業譲渡提案
MU-Canopus	リターゲティングにおいて名を馳せるグローバルの日本法人。積極的な業務提携を通じ、クリエイティブサービスを提供する	NA（日本）	NA（日本）	・グローバル本社	・グローバル本社を打診先とした株式譲渡提案（買収）や、出資、アライアンスの提案

実際のアウトプットに近いイメージとするために作成されており、登場する会社名、意匠、会社概要等一切は架空のものとなります。万が一、類似するものがあった場合も、当該社名、意匠を毀損する意図はありません。

Project Tartu
全体スケジュール
2023年11月1日9：00時点

	デジタル事業部	経理部	経営企画部	財務部	広報部	法務室	リスク管理室	法務	FA	BDD	FDD	TAX	HR	PMI	対象会社	売主	期日	進捗	金1	土2	日3	月4	火5	水6	木7	金8	土9	日10
A マイルストーン																												
A-1 資料請求の実施	•																8/31	済										
A-2 取締役会	•		•		•												3/13	未済										
A-3 適時開示（任意）	•				•			•									5/2	未済										
A-4 意向表明書のドラフティング/提出/送付	•					•		•	▲								9/17	済										
A-5 雇用契約、最終契約書及び付随契約ドラフティング	•					•		•	▲								3/12	実施中										
A-6 基本合意：DD要綱、最終契約書及び付随契約	•																10/1	済										■
A-7 最終交渉：雇用契約、最終契約書及び付随契約交渉	•					•		•									3/21	実施中										
A-8 契約締結：雇用契約、最終契約書及び付随契約締結	•					•		•									3/21	未済										
B ビジネスDD																		実施中										
B-1 資料請求	•								▲	▲							10/18	済										
B-2 VDRによる情報開示	•								▲	▲							10/18	済										
B-3 現地実査/インタビュー	•								▲	▲							11/9	実施中										
B-4 最終報告	•								▲	▲							11/15	未済										
B-5 入手情報の検証及び対応方法の検討	•																11/15	未済										
B-6 最終報告書等成果物提出	•								▲	▲							11/19	未済										
C 法務DD								•	▲									実施中										
D 財務・会計DD（FDD）									▲									実施中										
E 税務DD									▲			•						実施中										
F HRDD									▲				•					実施中										
G 価値評価（Valuation）																												
G-1 価値分析実施	•	•	•						▲								12/9	未済										
G-2 価格調整交渉	•								•						•		12/21	未済										
G-3 最終報告実施	•	•	•						•								12/23	未済										
G-4 最終報告書等成果物提出	•								•								12/25	未済										
H 各DD完了後手続き	•																											
H-1 各DDの中間報告書類等の社内展開	•																11/25	未済										
H-2 各DDの最終報告書類等の社内展開/報告会	•							▲	•	▲	▲	▲	▲				12/21	未済										
I ストラクチャリング																												
I-1 全体：（税務）ストラクチャリングの検討/決定	•		•						•			▲					12/21	済										
J リスク管理手続き（保険）																												
J-1 保険契約締結に係る準備/契約締結	•					•			▲								12/16	調整中										
K 取引先等事前説明（重要取引先）																												
K-1 重要取引先への事前説明（フクロク）	•																1/12	要確認										
K-2 重要取引先への事前説明（Hot-ei son's Labo）	•																1/12	要確認										
L ドキュメンテーション																												
L-1 対象会社従業員との雇用契約ドラフティング/交渉/合意	•				•	•		•	▲						▲	▲	4/10	未済										
L-2 SPA等、最終契約書のドラフティング/交渉/内容合意	•				•	•		•	•						•		4/10	未済										
L-3 プレスリリースドラフティング	•				•			•									4/29	未済										
L-4 独占禁止法にかかる事前相談（必要に応じて）	•					•		•									4/29	未済										
N クロージング	•																	未済										
M PMI（クロージング前準備）	•								▲					•				未済										
O PMI（クロージング後）	•													•				未済										

	11月							
	3W	4W	5W	1W	2W	3W	4W	5W

TODAY　祝日　　　　　　　　　　祝日

VDRアカウント付与

25 24 23 22 21 20 19 18 17 16 15 14 13 12 11 10 9 8 7 6 5 4 3 2 1 0

VDRアカウント付与　52 51 50 49 48 47 46 45 44 43 42 41 40 39 38 37 36 35 34 33 32 31 30 29 28 27 26 25 24 23 22 21 20 18
VDRアカウント付与　52 51 50 49 48 47 46 45 44 43 42 41 40 39 38 37 36 35 34 33 32 31 30 29 28 27 26 25 24 23 22 21 20 18
VDRアカウント付与　52 51 50 49 48 47 46 45 44 43 42 41 40 39 38 37 36 35 34 33 32 31 30 29 28 27 26 25 24 23 22 21 20 18
VDRアカウント付与　52 51 50 49 48 47 46 45 44 43 42 41 40 39 38 37 36 35 34 33 32 31 30 29 28 27 26 25 24 23 22 21 20 18
VDRアカウント付与　52 51 50 49 48 47 46 45 44 43 42 41 40 39 38 37 36 35 34 33 32 31 30 29 28 27 26 25 24 23 22 21 20 18

各評価方式を用いて、本件においての初期的な想定売却価値を算出した。
本算定値を叩き台として売却方針等に合致する想定価格を議論したい

〈凡例〉
▽中央値

初期的な想定売却価値

（百万円）

評価方式	評価価格
DCF方式	7,990 — 8,505 ▽ 9,020 — 10,200
類似会社比準方式（マルチプル方式）	8,340 — 8,530 8,720 — 9,850
類似取引比準方式	8,990 — 9,310 9,630

対象会社のアップサイドや買い手候補とのシナジーを考慮した場合、+αの価値が評価されます

DCF方式の算出論理

計算結果の要約（単位：百万円）

	株主資本の初期的評価価額	
	8.0%	9.0%
割引率 =加重平均資本コストに一定のレンジを採用したもの		
事業価値 =フリー・キャッシュ・フローの現在価値の合計	9,182	8,152
加算：営業外資産	435	435
減算：有利子負債等	(597)	(597)
株式価値	9,020	7,990

1. 残存事業年度（2027年3月期以降）の損益は計画最終年度（2026年3月期）の水準が継続するものと想定した。なお減価償却費は2021年3月期～2026年3月期の平均の水準が発生すると想定した

用語集

	用語／読み方	概　要
C	CA シーエー	Confidentiality Agreementの略。秘密保持契約を意味する。M&Aの検討自体や、対象会社から提供された機密情報などを、第三者に開示したり、目的外の使用をしないことを義務付けるために締結される契約。NDA（Non Disclosure Agreement）【*】と同義語に用いられる。
D	DA ディーエー	Definitive Agreement（最終契約）のこと。M&Aの形式によって株式譲渡契約（SPA）【*】や株主間契約等の種類があり、実質的にはM&Aプロセスを完了させる契約書類を総称する。
	Day 0 デイ・ゼロ	主にPMI【*】で用いられる語で、M&Aのプロセスにおける、DA【*】のこと。この日を基準にDay 1【*】に向けて、統合プランや100日プラン【*】を具体化していく。
	Day 1 デイ・ワン	PMI【*】において、クロージング【*】が実施された日のこと。統合プランや100日プラン【*】を遂行していく、PMIフェーズの初めのタイミング。
	DCF法 ディーシーエフほう	Discounted Cash Flow法の略。将来、対象企業（事業）が稼ぐお金を現在の価値に引き直すことで、今後その会社がどれほどの価値になるかを示す手法。将来稼ぐお金の総和がその企業・事業の価値であるという前提に立った考え方。
	DD ディーディー	Due Diligenceの略。デューデリジェンスのこと。対象会社の状況はどうか、想定外のリスクや瑕疵（かし）がないか等を調査・分析することで、M&Aにおいてはおよそ必須的に実施される。対象範囲はビジネス・財務・税務・法務等がある。
E	EBIT イービット	Earnings Before Interet and Taxesの略。支払利息や税金を差し引く前の段階の利益のこと。簡便的には、営業利益をEBITとすることが多い。M&Aにおいては企業の暫定的な実力・価値を見極める指標の1つ。
	EBITDA イービットディーエー、 イービッダー、 イビダー	Earnings Before Interets, Taxes and Depreciation and Amortizationの略。支払利息や税金、減価償却費を差し引く前段階の利益のこと。簡便的には、営業利益＋減価償却費をEBITDAとすることが多い。企業の経常的な収益力を示す指標として、企業間比較をする際や、簡易的にキャッシュフローを算出する際に用いられる。M&Aにおいては企業の暫定的な実力・価値を見極める指標の1つ。
	EV イーヴイ	Enterprise Valueの略。対象の企業・事業そのものが生み出す価値のこと。DCF法【*】やマルチプル法【*】等を用いて算出される。
	Execution エグゼキューション	M&Aの実行プロセスのこと。M&A対象会社へのデューデリジェンス（DD）【*】やValutation【*】、買収条件の交渉等が行われる。
F	FA エフエー	Financial Advisorの略。財務アドバイザーのこと。M&Aプロセスにおける実務全般に関して、主たるアドバイザーとして幅広いサポートをする役割を担う。
	FAS ファス、 ファズ	Financial Advisory Services のこと。M&Aにおける財務アドバイザー業務（FA）【*】やデューデリジェンス（DD）【*】、事業再生、インフラ関連アドバイザー、経営戦略やM&A戦略などの各種戦略策定支援、フォレンジック（不正調査）等のアドバイザリーサービスを提供するプロフェッショナルファームをいう。
	FCF エフシーエフ	フリーキャッシュフローの略。企業が営業活動を通じて得た利益のうち、必要なすべての費用等を差し引いた後に残った、使途の縛られない資金、すなわち、会社として自由に使えるお金を示すもの。
I	IB アイビー	Investment Bank（投資銀行）の総称。主な機能としては、IBDやECM（株式関連サービス）・DCM（債券関連サービス）が含まれる。特にM&A文脈の場合、資金調達やM&A等のアドバイザリーを提供する部門であるIBD（Investment Banking Division）を指すことが多い。
	IM アイエム	Information Memorandumのこと。ビット方式【*】において、初期段階で相手の候補先に対して、同一の売却対象事業情報を均一に開示して、プロセスを簡略化するために用いられる資料。NDA【*】締結後に、売り手側が開示する。買い手候補がLOI【*】の提出可否を判断する重要な情報となる。
	IRL アイアールエル	Information Request Listの略。売り手および対象会社に対して、買い手が開示を要求する資料の依頼リストのこと。

用語／読み方	概　要
J　JV 　　ジェーヴイ	Joint Ventureの略。アライアンス【*】の文脈においては、共通した目的の達成のため、他社と共同出資で新会社を設立すること、またそうして設立された企業のこと。
L　LA 　　エルエー	Legal Advisorの略。法務アドバイザーのことであり、弁護士が務める。M&Aにおける法務的なアドバイスや、各種契約作成の支援を行う。
LBO 　　エルビーオー	Leveraged Buyoutの略。買収資金の一部を借入で調達すること。株主資本のリターン（ROE）を高める、自己資金以上の金額で買収できる、等の効果がある。
LOI 　　エルオーアイ	Letter of Intentの略。意向表明書のこと。M&Aの大筋（取引金額や譲渡対象範囲、スキーム等）について、買い手から売り手に対して買収の意思を示すための書類。一部項目に対しては法的拘束力をもたせないことが多い。本文書の締結後に、MOU【*】を締結することが多いが、本文書を便宜的に基本合意書とすることもある。
M　MBO 　　エムビーオー	Management Buy Outのこと。企業の経営陣が株主から自社の株式を買い取り、経営権を取得すること。必要資金の多さから、一般にLBO【*】を用いて実行される。
MOU 　　エムオーユー	Memorandum of Understandingの略で、基本合意書のこと。DD【*】前に、M&Aの基本的な進め方やDD実施要項、想定価格や条件等を整理する目的で締結される合意で、法的拘束力をもたせないケースが多い。本書面の締結により、M&AのExecution【*】に進み、DDやValuation【*】が開始される。
N　NDA 　　エヌディーエー	Non Disclosure Agreementの略。>>CA
Non Access DD 　　ノンアクセスディー 　　ディー	一般に公開されている情報のみで実施するDD【*】のこと。LOI【*】提出を目的とした場合の初期段階での調査や、敵対的買収などでDD協力を得られない場合に実施される。エクスターナルDDとも呼ばれる。
NPV 　　エヌピーヴイ	Net Present Valueの略。対象企業（事業）から将来的に生み出されると想定されるキャッシュフローを、現在の価値に割り引いたもの。投資意思決定における参考指標として用いられる。
P　PMI 　　ピーエムアイ	Post Merger Integrationの略。M&Aのクロージング【*】実行後の統合プロセスを指す。具体的には契約締結のタイミングをDay 0【*】、クロージング【*】が実行されたタイミングをDay1【*】と呼び、以降より詳細な統合プロセスに入っていく。
Pre M&A 　　プレエムアンドエー、 　　プレエムエー	M&Aを検討するうえでの最初のプロセスのこと。具体的にはMOU【*】締結前のことで、バイサイド【*】であれば、M&Aの目的明確化（=M&A戦略）、M&A対象企業の選定・初期的コンタクト等を指し、セルサイド【*】であれば、売却目的の明確化、初期的Valuation【*】、IM【*】作成等を指す。
Q　Quick Hits 　　クイックヒット	シナジー【*】のうち、買収完了後、早期に実現可能と考えられる施策効果のこと。クイックウィンとも。
S　SPA 　　エスピーエー	Stock Purchase Agreement、またはShare Purchase Agreementの略。株式売買契約書（株式譲渡契約書）のこと。最終契約（DA）【*】のタイミングで実際に締結される契約書。
T　TAS 　　タス、タズ	Transaction Advisory Serviceのこと。>>FAS
TSA 　　ティーエスエー	Transaction Service Agreementの略。クロージング【*】後の通常業務への影響を最小限に抑えるため、売り手側から一定期間、今まで提供されていた業務を継続してもらうための契約のこと。
V　Valuation 　　バリュエーション	企業価値を算定すること。投資で期待される価値や、事業の価値を算定し、投資可否の判断や投資金額の決定などに活用する。
VDR 　　ヴイディーアール	Virtual Data Roomの略。売り手から買い手への資料開示のプロセスを円滑にするソリューションのこと。重要機密資料等をやり取りする際に、立入人を絞って閲覧などするために取り決めた部屋であるデータルームを、バーチャル環境で使用できるようにしたもの。

用語／読み方	概　要
W WACC ワック	Weighted Average Cost of Capitalの略。加重平均資本コストのこと。株式による調達（自己資本）と借入による調達（他社資本）を加重平均することで、対象会社が調達する資本のコストを示したもの。DCF法【*】において将来稼ぐお金を現在の価値に割り戻す際の割引率【*】として用いられる。
あ アーンアウト	M&Aの対価支払い手段の一つ。M&A完了後、一定期間内に達成した目標度合いに応じて追加対価を実施する仕組みのこと。
インサイダー取引規制	上場会社やその子会社に関する重要事実やTOB【*】等の事実を知った者（会社関係者や公開買付者等関係者、情報受領者等）が、当該重要事実が公表される前に株式等の売買等や買付け・売付け等を禁止する規制のこと。
か 株式価値	その企業において、株主に帰属する価値のこと。以下の関係が成り立つ。 株式価値＝事業価値＋非事業価値（営業外資産）－有利子負債 株式価値＝企業価値－有利子負債 なお、上場企業の場合、「株価×株式数」で計算される。
ガン・ジャンピング規制	M&Aの手続きが完了する前に行ってはいけない行為への規制のこと。主要な論点として、競争法におけるカルテルの可能性排除などが挙げられるが、実務においては、業界特有の規制や細かな規制動向に関して、弁護士と連携しながら確認することになる。陸上競技でフライングを示す語に由来。
企業価値	その企業による活動全体の価値のこと。 以下の関係が成り立つ。 企業価値＝事業価値＋非事業価値（営業外資産） 企業価値＝株式価値＋有利子負債
クロージング	DA【*】として締結した契約に基づき、実際に株式譲渡などを実行すること。クロージングを行うための条件については、クロージング条項やクロージング要件という。
さ サイトビジット	対象会社の実態を実際に目で確かめるため、対象会社の事業拠点（工場やコールセンター等）を訪問・視察すること。
事業価値	>>EV
シナジー	M&Aなどの結果、他社との協業・統合などにより、新たに創出される価値向上効果のこと。特に、単独で事業をする場合よりも価値が増加することを指す。反対に、価値が低下することをディスシナジーという。
修正事業計画	主にビジネスDD【*】において、各種DDの検出事項を統合し作成される、売却対象会社の事業計画を、蓋然性が認められる水準で修正したもの。Valuation【*】実施の基礎となる。
ショートリスト	ロングリスト【*】に対して、基準となるM&A戦略や、各社の初期的情報をもとに、さらに一定の条件で絞り込んだ候補企業リストのこと。
ストラテジックバイヤー	市場シェア拡大やバリューチェーン補完、新規事業参入などの事業戦略の実現を目的とした買い手のこと。事業会社等が該当。
セルサイド	M&Aにおいて、売り手側のこと。売却対象会社、統合対象会社、および当該株式を保有している売り主が該当する。
た ティーザー	売却対象会社および当該取引の最低限の概要を、匿名で記載した資料のこと。売り手側のFAが、買い手候補への検討打診をする際に使用する。ノンネームシートと同義。
ディール	M&Aの実行に向けた、取引全般のこと。
ディールブレイカー	M&A取引の破談につながるような好ましくない事項のこと。対象会社の実態や法的、コンプライアンス的事項などが挙がりやすい。例：株主変更によって取引契約が解消されてしまう等
敵対的買収	一般に、対象会社の経営陣との同意のないまま、買収を仕掛けること。あるいはそうして仕掛けられた取引。
デューデリジェンス	>>DD

	用語／読み方	概　要
な	ノンネームシート	>>ティーザー
は	バイサイド	M&Aにおける買い手側のこと。売却対象会社を買収するため、売り主である売り手企業と取引する買い手企業が該当する。
	買収防衛策	敵対的買収などを未然に防ぐ、またはその成立を防ぐため、取締役会がとる防衛策のこと。ホワイトナイトやポイズンピルなどが代表例。
	バリュエーション	>>Valuation
	ビット方式	複数の買い手候補からのオファーを募集し、同時並行的に進めて最も取引条件がよい相手を選出する方式。入札方式ともいう。
	100日プラン	PMIフェーズにおいて、開始してから最初の100日で実施する、統合に関する具体的なアクションプランを指す。実際に100日で実施する場合もあれば、統合にかかる一定の到達目標までの期間で実施する事項を示している場合もある。
	表明保証	当事者が取引相手に対して行う、開示情報の正確性の表明や保証のこと。具体的には、対象会社の財務や法務に関わる一定の事項が、真実かつ正確であることを表明し、その内容を保証すること。
	フィナンシャルバイヤー	配当や、株式価値の上昇等を通じた財務的なリターンの最大化を目的とした買い手のこと。投資ファンドやベンチャーキャピタル等が該当。
	ブレイク	検討を進めていたM&Aのディール【*】が、何らかの理由で破談となること。
	ベータ（β）	その企業の株価の推移と、市場における株価の推移の連動性を示す指標。市場全体の動きを１とした時の振れ幅を示す。その意味合いは業界や企業ステージ等で異なるが、一般に、１より低くなると市場の動きに対して安定的、１より高くなると、市場よりも頻繁に値動きしていると考えられる。加重平均資本コスト（WACC）【*】の計算等で用いる。
ま	マネジメントインタビュー	DD【*】などで実施される、対象会社の経営層や重要な人材に対して行うインタビューのこと。マネインとも。財務数値や書面情報だけでは把握しきれない、対象会社の定性情報を収集するために行われる。
	マネジメントプレゼンテーション	売り手側が買い手からのオファーを受けるために、売却対象会社の事業計画や強み、課題等を買い手候補へ説明することを指す。売り手主導のM&A案件で実施される。
	マルチプル法	対象企業と類似する上場会社の財務指標や、企業価値などをもとにして、評価したい会社の価値を算定する方法。仮に対象企業が上場した際、上場企業と同等に評価されたという前提に立った考え方。
や	ユノカル基準	敵対的買収【*】に対抗して買収防衛策を実施する際に、取締役会はその合理性と相当性を立証しなければならないとした基準のこと。米国での買収防衛策に係る判例に由来。
ら	レブロン基準	買収の対象となった企業は、株主の利益最大化のため、できる限り高い価格で売却すべきであるとした基準のこと。米国での買収防衛策に係る判例に由来。
	ロングリスト	データベース等で一定の条件を設定し、機械的に抽出した候補企業のリスト。
わ	割引率	DCF法【*】において、対象企業・事業が将来稼ぐお金を、現在の価値に割り戻す際に用いる割合。

◇著者紹介◇

岩崎 敦 （いわさき あつし）

　京都大学工学部鉄冶金学科を卒業後、銀行にて営業店、本部などでさまざまな銀行業務に従事したのちM&A部門に異動。以来、銀行、証券会社、会計系アドバイザリーファーム等にてFA業務に20年超従事。金融、小売系の再生・統合案件を皮切りに、製造、飲食、物流、製薬、IT、メディアなどさまざまな業種の案件に従事したのち、近年は自動車、素材などに関する技術的な知見を活かし、製造業のクロスボーダー案件をリードするなど、多くの取引にアドバイスを提供している。

平井 涼真 （ひらい りょうま）

　上智大学外国語学部ロシア語学科を卒業後、FAS系コンサルティングファームに新卒として入社。その後、一貫してディールズストラテジー領域に従事し、M&Aプロセスにおけるプレディール、エグゼキューションの一部に関与。M&A戦略策定支援をはじめとして、ビジネス・デューデリジェンス、全社・事業戦略策定支援、スタートアップ投資戦略策定・CVC設立支援、パーパス経営策定支援、ポートフォリオ戦略策定支援、組織・ガバナンス設計支援など、幅広いテーマにてコンサルティング業務を経験している。

◇監修者紹介◇

福谷 尚久（ふくたに なおひさ）

キエングローバル株式会社 代表取締役CEO（https://www.kienglobal.com/）

銀行、証券会社、投資銀行等にて30年に及ぶFA業務に従事。この間、米国やシンガポールに駐在し、中国、インド等の現地法人の役員も務める。国内上場企業をはじめ、海外企業や中堅・中小企業を含む多種多様な企業へ、業界再編・事業再生・事業承継案件、三角合併（株式交換）、MBO、EXIT戦略の難しい案件、敵対的買収防衛など、現在の日本におけるM&A市場の潮流をなす嚆矢的な案件を多数アドバイス。国際基督教大学（ICU）教養学部卒、コロンビア大学MBA、筑波大学法学修士、オハイオ州立大学政治学修士。

主な著書：『M＆A敵対的買収防衛完全マニュアル』（共著、中央経済社、2008年）『会社の終活―「M&A」という究極の事業承継プラン』（共著、中央経済社、2019年）など。

M&A Booklet

いまさら聞けない FAってなに？

"たろう"と"はな"が学ぶM&Aの基礎❷

2024年7月25日　第1版第1刷発行

監　修　福　谷　尚　久
著　者　岩　崎　　　敦　真
　　　　平　井　涼　真
発行者　山　本　　　継
発行所　㈱中　央　経　済　社
発売元　㈱中央経済グループ
　　　　パブリッシング

〒101-0051　東京都千代田区神田神保町1 - 35
電話　03（3293）3371（編集代表）
　　　03（3293）3381（営業代表）
https://www.chuokeizai.co.jp
印刷・製本　文唱堂印刷㈱

© 2024
Printed in Japan